AF263354

LA PROPRIÉTÉ EN MAGHREB

SELON LA DOCTRINE DE MALEK

PAR

M. ERNEST MERCIER

(Extrait du *Journal asiatique*, juillet-août 1894)

LA PROPRIÉTÉ EN MAGHREB,

SELON LA DOCTRINE DE MALEK.

Sidi Khelil, dans son chapitre « Des terres mortes », après en avoir donné la définition en ces termes : « Celles qui ne sont grevées d'aucun droit particulier » (ما سلم عن الاختصاص), pose comme règle que la propriété des terres mortes s'acquiert par leur mise en valeur (بعمارة); puis il définit leurs servitudes légales, et, arrivant aux concessions de l'État, s'exprime comme suit :

وبافطاع الامام ولا يفطع معمور العنوة ملكًا

« (On devient encore propriétaire des terres mortes) par le fait d'une concession du prince; mais les terres de culture des pays conquis par les armes (d'Anoua) ne peuvent être concédées à titre de propriété melk (complète). »

En se reportant au chapitre de « la guerre sainte », section « du butin », on trouvera le surplus des éléments nécessaires à la question. Nous reprendrons plus loin les passages utiles.

Constatons, tout d'abord, que les contrées sur lesquelles la domination de l'Islam s'est établie sont de deux sortes :

1° Celles qui ont fait l'objet de traités passés avec les habitants, sans qu'il y ait eu conquête par les armes, ou après la victoire des Musulmans. La terre y est appelée Ard'-es-Solah (ارض الصلح) et l'habitant est dit Solhi (صلحى);

2° Et celles dont les habitants ont fui avant la conquête, ou refusé de se soumettre après la défaite et de reconnaître la domination de l'Islam. La terre, dans ce cas, est appelée Ard-el Anoua (ارض العنوة) et l'habitant Anoui (عنوى).

Les dispositions légales s'appliquant aux unes et aux autres sont parfaitement définies et exposées dans l'ouvrage d'El Maouerdi appelé *El Ahkam es-Soultania*, mais comme ce légiste appartient à l'école Chafaîte, on a fait remarquer que le Maghreb est universellement soumis au rite de Malek, et qu'il fallait, pour bien juger la question, ne s'appuyer que sur la doctrine de cette école. C'est ce que nous allons faire.

Constatons ensuite que les terres se divisent elles-mêmes en deux catégories soumises chacune à un régime différent :

1° La terre mise en valeur et, par conséquent, occupée (ou provisoirement abandonnée), c'est le Maamour (معمور), comprenant la grande et la petite culture;

2° La terre morte réunissant les conditions d'être

improductive, non en valeur, abandonnée et sans maître. C'est le Mouate (موات).

Le Maamour est essentiellement Melk et son propriétaire jouit de tous les droits attachés à la propriété privée.

Le Mouate est, sauf les réserves indiquées plus loin, à la disposition du prince (Imam) des musulmans qui peut le concéder en toute propriété; de plus, quiconque le met en valeur devient propriétaire des parties par lui rendues à la vie.

Examinons maintenant les règles légales s'appliquant à ces deux catégories dans les pays en dehors de l'Arabie qui ont passé sous le gouvernement de l'Islam, et cela conformément à la doctrine de Sidi Khelil et de ses plus célèbres commentateurs.

Dans le chapitre de la « guerre sainte », section « du butin », Sidi Khelil a dit en parlant des terres :

انها تصير وقفا بمجرد الاستيلاء عليها ولا تحتاج الى طيب نفس المجاهدين ولا الى صيغة من الامام ،

Traduction : « Par le seul fait de la conquête, la terre se trouve frappée de séquestre (وقف), sans que l'assentiment des combattants soit nécessaire, non plus que la ratification du prince. »

Tout d'abord, remarquons : 1° qu'il n'est question ici que des pays d'Anoua, c'est-à-dire dont la conquête par les armes n'a pas été suivie de la soumission des habitants; 2° que l'expression Ouakf,

que nous avons rendue par « séquestre », a été géné-
ralement traduite par « hobousée », en attribuant à
ce mot le sens qu'on donne d'habitude aux « hobous ».

Passons maintenant en revue les commentaires
sur ce texte :

I. — El Bennani, interprétant le commentaire de
Zourkani, s'exprime comme suit :

قال الشيخ مصطفى الرماسى محشى شرح الشيخ التتاى على
خليل وفيه نظر اذ لم ار من قال انها تصير وقفا بمجرد
الاستيلاء لان كلام الآية فيما يبعده الامام هل يقسمها كغيرها
او يتركها لنوائب المسلمين فمعنى وقفا تركا غير
مقسومة لا الوقف المصطلح عليه وهو التحبيس ،

Traduction : « Le cheykh Moustafa er-Remaci, auteur d'une glose du commentaire du cheykh Tataï
sur Khelil, a dit : Ce point est à examiner de près,
car je n'ai pu trouver par qui a été formulé ce principe que (la terre, dans ce cas), se trouve frappée
de Ouakf par le seul fait de la conquête.

« En effet, les Imam ont discuté la question de
savoir ce qui devait être fait par le prince, c'est-à-
dire s'il partagerait (la terre) comme le reste (du butin) ou s'il l'abandonnerait pour être (administrée)
par les représentants de la communauté musulmane.

« Le sens du mot (وقفا) est donc ici « la laisser

« impartagée », et l'on ne doit pas donner à Ouakf
l'acception spéciale (اصطلاح) caractérisée par le terme
تحبيس (constitution *hobous*). »

II. — Es-Saïdi (الصعيدى), interprétant le commentaire d'El Kharchi, dit de son côté :

قوله جزء من الارض الحبس لم يوجد فى تعريف ابن عرفة
لعظة حبس فالمناسب اسقاطصها لان الحبس لا يجوز تمليك
شىء منه واجاب بعض شيوخنا ان المعنى من الارض الحبس
اى مواتها ٬

Traduction : « Notre auteur dit : Une fraction de
la terre « hobousée » ; or, dans la définition d'Ibn
Arfa, le terme « hobousée » ne se trouve pas. Il y a
donc lieu de conclure à sa suppression, d'autant plus
qu'aucune partie d'un bien hobousé ne peut devenir
propriété particulière. Aussi certains de nos cheykhs
ont-ils décidé que, par « la terre hobousée », il fallait
entendre « les terres mortes ».

Voici enfin ce que dit Dessouki, en visant les passages ci-dessus reproduits :

(وقوله على المشهور) خلافًا لمن قال ان الامام يقسم الارض
بين المجاهدين كغيرها من الغنيمة (قوله بحرى الاستبلاء)
متعلق بقوله قال مصطبى لم ار الخ وافره البنانى الخ

Traduction : « Par ces mots « en se conformant à

« l'interprétation consacrée », l'auteur se met en con-
tradiction avec ceux qui ont dit : « l'Imam partagera
« la terre entre les guerriers de la foi, comme le reste
« du butin. »

« Quant à son expression « par le seul fait de la
« conquête », elle se réfère au passage de Moustafa
er-Remaci : « Je n'ai pu trouver, etc. (voir ci-devant) »,
qui a été confirmé par El Bennani, » etc.

Il résulte de ces citations que le sens du mot
Ouakf, pris par nos auteurs dans l'acception générale
de « hobous », a soulevé de nombreuses objections
de la part des légistes autorisés. El Bennani déclare
catégoriquement, en se basant sur l'opinion du cheykh
Moustafa er-Remaci, que, dans l'espèce, le mot
Ouakf ne veut dire autre chose que « suspension de
partage ». Es-Saïdi, de son côté, conclut qu'il ne peut
être question d'un hobous ordinaire, et que l'auteur
a sans doute voulu désigner ainsi le prélèvement à
faire sur une partie des terres mortes. Enfin on ne
peut retrouver l'auteur originaire de cette formule.

Voyons maintenant les textes sur la question des
terres d'Anoua.

III. — Voici ce que dit Derdir :

العنوى بعد ضرب الجزية عليه حرٌّ وعلى فائله خمسهايه
دينار ولا يمنعون من هبة اموالهم والصدفة بها ولا من
الوصية الخ (والارض) المعهودة بنى فوله ووفعت الارض

وفقط) دون ماله (للمسلمين) ليس للورثة تعلق بها بل
يعطيها السلطان لمن شاء وخراجها فى بيت المال واما
ماله ومنه الارض التى احياها من الموات فهو لورثته فان لم
يكن له وارث عندع فللمسلمين هذا حكم ارض العنوى
وما له ،

Traduction : « Par le fait qu'il a été frappé des
charges et contributions spéciales imposées, l'Anoui
(le vaincu qui ne s'est pas soumis par traité) a re-
pris la qualité d'homme libre, et celui qui le tue est
tenu d'une amende de cinq cents dinars.

« L'Anoui, dans ce cas, ne peut être empêché de
disposer de sa fortune par donation ou aumône, ni
d'en faire l'objet d'un legs, etc.

« Quant à la terre seule, exclusivement aux autres
valeurs, exceptée de cette disposition, par son expression : « elle demeure séquestrée (au profit des
« Musulmans) », les héritiers du défunt n'ont rien à y
prétendre, car le sultan peut la donner à qui il veut,
et l'impôt qui la grève revient au Beit el Mal.

« Mais, pour ce qui est de la fortune du défunt
—— laquelle comprend les terres mortes qu'il a pu
rendre productives —— le tout revient à ses héritiers
et, s'il n'en existe pas parmi les siens, aux Musulmans.

« Telles sont les règles qui s'appliquent à la terre
et à la fortune de l'Anoui. »

IV. — Voyons maintenant ce que dit l'auteur, à l'égard des gens qui se sont soumis :

والحكم فى اهل الصلح لا يخلو من اربعة اقسام لان الجزية

اما تضرب عليهم جملة على الارض والرقاب او مفصّلة

على الرقاب فقط او على الارض فقط او عليهما فان

اجلت على الارض والرقاب بان ضربت على البلد بما حوت

من ارض ورقاب من غير تفصيل ما يخص كل شخص وما

يخص الرقاب من الارض فلهم ارضهم يفسهونها ويبيعونها

ولا يتعرض لهم فيها ولا يزاد فى الجزية بزيادتهم ولا تنقص

بنقصهم ولهم الوصية بمالهم كله اولى ببعضه وورثوها اى

الارض وكذا مالهم فان لم يكن لهم وارث عندهم فلاهل

بينهم على حسب ما يرونه عندهم وان ضربت جزيتهم

على الرقاب فقط كعلى كل راس كذا سواء اجلت على

الارض او سكت عنها وكذا ان ضربت على الارض واجلت

على الرقاب كعلى كل فدان كذا او ضربت عليهما معًا فهى

اى الارض وكذا مالهم لهم يبيعونها ويورثونها كمالهم

وتكون لهم ان اسلموا الا ان يموت واحد منهم بلا وارث

فللمسلمين ارضه وماله ووصيتهم فى الثلث فقط حيث لا

وارث عندهم وما بقى للمسلمين فان مات وله وارث فله

الوصية بجميع ماله وقوله الخ وقوله وان ضربت عليها الجزية

الخ فلهم بيعها اى الارض وخراجها فى كل سنة عـلـى
البائع فى المسألتين لا عـلـى المشترى الا ان يموت او يسلم
فتسقط عنه وعن المشترى فان اسلم الصلحى فارضه وماله
ملك له وسقط ما ضرب عليه وللعنوى احداث كنيسة الخ
وللصلحى بيع عرصة كنيسة الخ واما العنوى فليس له ذلك
لانها وقف بالفتح ،

Traduction : « Quant aux règles s'appliquant aux
gens qui se sont soumis, il est indispensable de les
diviser en quatre catégories, selon le mode qui a été
appliqué pour les redevances à eux imposées :

« 1° La Djezia leur a été imposée en bloc, sans
distinction entre l'impôt foncier et la capitation.

« 2° Elle a été constituée par la capitation seulement.

« 3° Ou par l'impôt foncier seulement.

« 4° Ou par les deux ensemble, déterminés simultanément.

« Dans le premier cas, c'est-à-dire la Djezia étant
imposée en bloc sur les terres et les personnes, c'est-
à-dire frappée sur le pays avec ce qu'il contient
comme terres et comme habitants, sans déterminer
ce qui incombe à chaque individualité, ni préciser
les charges des personnes en les distinguant de celles
de la terre, les habitants conservent l'absolue disposition de leurs terres, et peuvent les partager et les

vendre sans opposition ; la Djezia, d'autre part, ne doit pas être augmentée si la population augmente, ni diminuée si elle diminue ; ils ont le droit de les léguer en entier par testament et *a fortiori* en partie, et la recueillent par héritage ainsi que tous autres biens.

« Et s'ils ne laissent pas d'héritiers parmi les leurs, lesdits biens écherront aux gens de leur religion, selon les règles qui seront consacrées à cet égard chez eux.

« Dans le second cas, c'est-à-dire si la contribution à eux imposée a été répartie entre les habitants, à raison de tant par tête, par exemple, soit en confondant avec cette capitation l'impôt foncier, soit en n'en parlant pas ; de même dans le troisième cas, c'est-à-dire si la contribution a été répartie sur les terres en y englobant les personnes, en stipulant, par exemple, que chaque parcelle cultivable sera grevée de telle somme ; et aussi dans le quatrième cas, c'est-à-dire si la répartition a porté sur les deux simultanément :

« Les terres et les autres biens des habitants restent à eux ; ils peuvent les vendre et en hériter, à titre de fortune propre, dont ils seraient les maîtres s'ils étaient devenus musulmans.

« Seulement, si l'un d'eux vient à mourir sans laisser d'héritier selon la loi religieuse des siens, ses terres et ses autres biens seront dévolus aux musulmans.

« Ils n'ont le droit de disposer, par legs, que d'un

tiers, s'ils n'ont pas d'héritier, le surplus revenant aux musulmans.

« Mais, si le défunt possède un héritier, il a le droit de léguer l'intégralité de ses biens... (Suit l'exposé de divers cas.)

« ... Et si la Djezia a été répartie sur les terres, ... (les possesseurs) ont le droit de les vendre ; mais le Kharadj (impôt foncier) annuel qui les grève reste à la charge du vendeur dans les deux cas et n'est pas imposé à l'acquéreur ; seulement, s'il (le vendeur) vient à mourir ou fait profession de l'Islamisme, l'obligation de servir la rente cesse, tant à son égard qu'à l'égard de l'acquéreur.

« Si le Solhi (ayant accepté par soumission la domination musulmane) se convertit à l'Islamisme, ses terres, de même que tous ses autres biens, lui restent comme propriétés personnelles, et il est affranchi des redevances qui lui avaient été imposées.

« L'Anoui a le droit de construire des églises, etc.

« Le Solhi (outre ce droit) a celui de vendre même le terrain sur lequel l'église est édifiée, etc. Quant à l'Anoui, il ne peut le faire, attendu que ce terrain est séquestré par le fait de la conquête », etc.

V. — Citons encore un passage de Derdir :

واما ارض الزراعة ويصرف خراجها فيها سيصرح به
المولى فريباً والكلام فيها للسلطان او نائبه ولا تورث لانها
لا تملك ولو مات احد الفلاحين وله ورثة جرت العادة ان

الذكور يختص بالارض دون الاناث كما فى بعض فرى
الصعيد وانه يجب اجراوهم على عادتهم على ما يظهر
لان هذه العادة والعرف صارت كاثن من السلطان فى
ذلك ومفتضى ما تفهم انه يجوز للسلطان او نائبه ان يمنع
الورثة من وضع يدع عليها ويعطيها لمن يشاء وقد ظهر
انه لا يجوز له لما فيه من فتح باب يؤدى الى المهرج
والفساد ولان لموروثهم نوع استحقاق وايضًا العادة تنزل
منزلة حكم السلاطين المتقدمين بان كل من بيده شىء
فهو لورثته اولاً ولاولاده الذكور دون الاناث راعيه لحـف
المصلحة ، نعم اذا مات ولم يكن له وارث فالامر للملتزم الخ ،

Traduction : « Quant à la terre de grande culture,
l'impôt dont elle est frappée devra être employé aux
dépenses que l'auteur indiquera bientôt.

« La décision, à cet égard, (de la terre) appartient
au prince ou à son représentant.

« La terre de grande culture ne peut être recueillie
en héritage, car elle ne constitue pas une propriété
privée.

« Si un des hommes qui la cultivent vient à mourir en laissant des héritiers, l'usage établi veut que
les fils aient seuls le droit d'en jouir, à l'exclusion
des filles, ainsi que cela se passe dans diverses bour-
gades du Saïd, et on doit laisser à ces gens la pratique de cet usage, d'après ce qui semble juste. En

effet, un usage de ce genre et une coutume (consacrée) sont assimilables, dans ce cas, à un décret du
prince.

« La conséquence des faits qui précèdent est que
le prince ou son représentant n'a pas le droit d'em-
pêcher les héritiers d'en prendre possession, ni de la
donner à qui bon lui semble (contrairement à la
formule qui le lui accorde); et il est évident qu'il
ne peut avoir ce droit, parce qu'il aurait pour résultat d'ouvrir la porte aux difficultés et au désordre,
d'autant plus que l'auteur de ces héritiers possédait
un droit d'une nature déterminée, et enfin parce
que la coutume qui a la même force qu'une décision
des princes du temps passé a admis le principe sui-
vant : « Quiconque possède une chose, cette chose
« revient à ses héritiers avant tout autre, et à ses
« enfants mâles à l'exclusion des filles », et cela en
tenant compte des avantages d'intérêt général.

« Mais, s'il n'a pas laissé d'héritier, il appartient à
l'administrateur de statuer, » etc.

VI. — Le même auteur, après avoir énoncé que
le butin doit être partagé entre les guerriers, après
prélèvement du cinquième, dit :

وجمل وفى على الارض وتخميس وغيرها (ان اوجب) اى
فونذ (عليه) وله حكاما كهروبهم الخ على احد الفوليين
اما هربوا فبل خروج الجيش من بلد الاسلام فيكون ما
جلوا عنه فيبأه وضعه بين المال وكذا لو هربوا بعد

حروجه وفبل نزوله بلدمع على ما للباجى (خراجمها) اى الارض (او الخمس) الذى لله ولرسوله (والجـزيـة الحـربـيـة) العنوية والصلحية والبى وعشور اهل الذمة وحراج اهـل الصلح وما صونح عليه اهل الحرب وما اخـذ مـن تجـارهم محلها بيت المال الخ

Traduction : « Le passage « du séquestre apposé sur « la terre », ainsi que « du prélèvement du cinquième « et autres charges », si cela est imposé, c'est-à-dire s'il y a eu combat sur place, et qu'il y ait décision à rendre, notamment lorsque les habitants ont fui, etc., doit être apprécié dans les deux hypothèses, comme suit :

« Quand les habitants ont évacué le pays avant la sortie des troupes du territoire de l'Islam, tout ce qu'ils ont abandonné constitue un produit de guerre qui doit être déposé au Beit el Mal.

« De même, s'ils ont émigré après le départ de l'armée et avant son arrivée dans le pays, il faut, d'après El Badji, déposer au Beit el Mal l'impôt foncier des terres, le cinquième qui appartient à Dieu et à son prophète, la contribution de guerre imposée soit aux Anouis, soit aux Solhis, le produit de l'expédition, la dîme des tributaires, l'impôt des gens qui se sont rendus, celui pour lequel des guerriers ont conclu le traité et ce qui a été enlevé aux commerçants. »

VII. — Voici maintenant deux dernières citations de Derdir répondant au texte de Khelil, sur les « terres mortes », cité en premier lieu et complétant les principes posés au paragraphe IV :

واما ما لا يصلح لزراعة الحب وليس عقار الكفار فانه من الموات يقطعه ملكا وامتناعا وان صلح لغرس الشجر واما لا يقطع المعمور ملكا لانه يصير وقفا بمجرد الاستيلاء عليه واما ارض الصلح فليس للامام اقطاعها مطلقا الخ

Traduction : « Quant aux terres impropres à la culture des céréales et qui ne constituent pas des biens-fonds appartenant à des infidèles — soit proprement les terres mortes — (le prince) en fait concession en tout bien et propriété, même si elles sont aptes à être complantées d'arbres.

« Mais il ne peut concéder en toute propriété les terres de culture, car elles se trouvent frappées de séquestre par le fait de la conquête.

« Quant aux terres (des pays soumis) par traité, l'Imam ne peut, en aucun cas, les donner en concession. »

Dessouki ajoute à ce qui précède l'appréciation suivante :

قوله ليس للامام اقطاعها أي لانهما على ملك اهلها لا علفة للامام بها وقوله مطلقا اي سواء كانت معمورة او مواتا ،

Traduction : « Si l'auteur dit que l'Imam ne peut la concéder (la terre), c'est parce qu'elle constitue une propriété au profit de ceux auxquels elle appartient. Le prince n'a donc aucune action à exercer sur elle.

« Quant à l'expression : « en aucun cas », elle signifie que ce principe s'applique aux terres cultivées comme aux terres mortes. »

Nous croyons avoir reproduit les passages des meilleurs légistes de l'école malékite sur la question.

Plusieurs autres, fort estimés, tels que Abd el Baki, El Kharchi, le cheykh Yahia Ech-Chaoui et autres, ont été bien plus loin que les précédents, et ont posé comme principe que, dans les pays d'Anoua, toute terre de culture devait être recueillie en héritage par les héritiers des possesseurs, mais cette opinion ayant été contestée en partie, nous nous sommes borné à citer ceux qui n'ont pas donné lieu à des controverses.

Essayons maintenant d'extraire de ces documents un peu touffus les conséquences logiques des faits qu'ils énoncent.

I. RÉGIME DES TERRES DANS LES PAYS D'ANOUA.

1° N'est réputé Anoua que le pays dont les habitants ont fui avant ou après la conquête musulmane, avec ou sans lutte ; ou encore, dont les habitants sont revenus ou sont restés, après avoir été vaincus et n'ont, dans aucun cas, accepté par une soumission explicite la domination de l'Islam. Ils ont voulu, en quelque sorte, rester hors la loi.

Remarquons qu'ils ont pu continuer à y résider en conservant la pratique de leur religion, qui les place dans la catégorie des infidèles, et y construire même des églises, le tout sous certaines restrictions.

2° Après prélèvement du butin de guerre et fixation des redevances et taxes auxquelles ils seront assujettis, ils conservent la pleine et entière propriété de leurs biens, et la sécurité de leurs personnes. La terre ne peut être partagée comme butin.

3° Les terres mortes de l'Anoua sont à l'entière disposition du prince; cependant quiconque les met en valeur en devient régulièrement propriétaire, fût-il Anoui.

4° Les terres cultivées ou propres à la culture des céréales sont frappées de séquestre demeurant impartagées et ne peuvent faire l'objet d'une concession du prince en toute propriété; elles restent cependant en la jouissance de leurs possesseurs, mais ne peuvent, en droit, être recueillies par leurs héritiers.

La rigueur de ce principe a été singulièrement atténuée et on en a même contesté le texte.

Il est certain que, dans la pratique, les Anouis ont conservé la jouissance et la disposition de leurs propriétés foncières.

Nous voyons même Derdir déclarer que le prince

ne doit pas s'opposer à la dévolution des terres au profit des héritiers du défunt, qu'il ne peut user du droit de les distribuer à qui bon lui semble et qu'il faut consacrer l'usage qui, dans diverses localités, exclut les femmes de l'hérédité sur les terres.

Derdir constate encore que le détenteur a un droit déterminé sur sa terre, et que ce droit ne peut disparaître par sa mort ; il rappelle en outre le principe d'après lequel les héritiers recueillent les droits du détenteur d'un bien.

5° En se soumettant, l'Anoui acquiert les prérogatives du Solhi, et en devenant musulman, il n'est plus soumis qu'aux règles de la législation islamique.

II. RÉGIME DES TERRES DANS LES PAYS DE SOLAH.

1° Les gens qui se sont soumis par traité, même en restant infidèles, conservent l'intégrale propriété de leurs terres et le droit d'en disposer, à la condition d'acquitter les charges qui leur sont imposées (Djezia).

Derdir déclare que le prince ne peut, en aucun cas, en disposer, et Dessouki dit qu'il n'a pas d'action sur elles, et que cette immunité s'applique même aux terres mortes.

2° Les droits et coutumes locales pour les successions, selon la religion à laquelle appartiennent les vaincus solhis, s'exercent dans toute leur plénitude.

S'ils n'ont pas d'héritier selon leurs lois, les terres en déshérence sont dévolues aux gens de leur nation, si la Djezia leur a été appliquée en bloc.

Dans les autres cas, les terres en déshérence sont dévolues aux musulmans.

Le propriétaire qui n'a pas d'héritier, selon la loi du pays, ne peut léguer qu'un tiers de ses terres, les deux autres tiers étant dévolus aux musulmans; mais s'il a des héritiers, il peut léguer la totalité.

3° L'impôt foncier grevant les terres reste, en cas de vente, à la charge du vendeur, jusqu'à sa mort. A son décès, ou s'il devient musulman, cette charge disparaît à l'égard de tous.

4° En devenant musulman, le Solhi cesse d'être soumis aux charges qui lui avaient été imposées à titre de Djezia, et reprend l'intégralité de ses droits.

Tels sont les principes légaux qui ont dû s'appliquer, dès l'origine, aux terres, dans l'Afrique septentrionale. Les historiens du moyen âge le disent plus ou moins explicitement, et les faits le prouvent. La Berbérie a été d'abord Solhïa, puis, par le fait des révoltes indigènes, est devenue Anouïa en maintes régions. Mais, après une période de cinquante années de luttes, tous les Berbères ont adopté l'Islamisme et acquis les droits complets des musulmans. On se rappelle, du reste, que la grande révolte kharedjite a éclaté dans le Maghreb El Akça vers 840, parce que le gouverneur de cette province avait voulu appliquer le Kharadj aux indigènes qui n'avaient été astreints qu'à la dîme des musulmans.

Les vice-rois Aghlebites de l'Ifrikiya, puis le grand Abd el Moumen firent cadastrer les terres afin de percevoir la dîme, sous la forme d'impôt fixe, des possesseurs.

Mais l'immigration des Arabes hilaliens et les guerres intestines des Berbères ont profondément modifié la population primitive. La Tunisie a été particulièrement troublée par les révoltes et les pillages des Arabes, si bien que le gouvernement hafside a fini par les mettre hors la loi, les traiter comme des infidèles incorrigibles, et appliquer à leurs territoires les règles de l'Anoua.

Puis sont venus les Turcs dont les procédés gouvernementaux ont fait bon marché des dispositions de la loi musulmane : ayant besoin de terres pour y installer des tribus Makhzen et des colonies d'Abid, ils ont pris ce qui leur convenait, sans s'inquiéter des droits des anciens occupants.

Aussi avons-nous trouvé l'Algérie profondément troublée sous ce rapport, et il était d'autant plus difficile à nos premiers administrateurs de s'y reconnaître dans ce chaos que les chefs indigènes passés à notre service ne pouvaient nous renseigner que sur les traditions du système turc.

De là sont nées de fâcheuses erreurs qui ont pesé lourdement sur nos agents, animés de la meilleure volonté, erreurs qui ont abouti à cette étrange invention des terres arch et des terres melk, sanctionnée par le sénatus-consulte de 1863, la loi de 1873, et les modifications par lesquelles on a essayé de l'amender. La terre appartenait, d'après ce système, à Dieu, représenté par l'Imam qui la distribuait à son gré; ou bien elle avait été expropriée au profit de l'état musulman, par le fait de la conquête, et le résultat était identique.

Notre goût de l'unité et des formules, presque toujours inexactes et dangereuses, a assuré le succès de ces erreurs, qu'on fera disparaître difficilement.